Renate & Uwe H. Sültz
Bücher von A bis Z

AF175258

Meine E-Bike- & Fahrrad-Touren

BoD - Books on Demand
Norderstedt 2020

Bibliografische Information durch die Deutsche Nationalbibliothek Die Deutsche Nationalbibliothek verzeichnet diese Publikation in der Deutschen Nationalbibliografie; detaillierte bibliografische Daten sind im Internet über http://dnb.dnb.de abrufbar.

SÜLTZ BÜCHER... bekannt mit den Gesundheits-Tagebüchern!

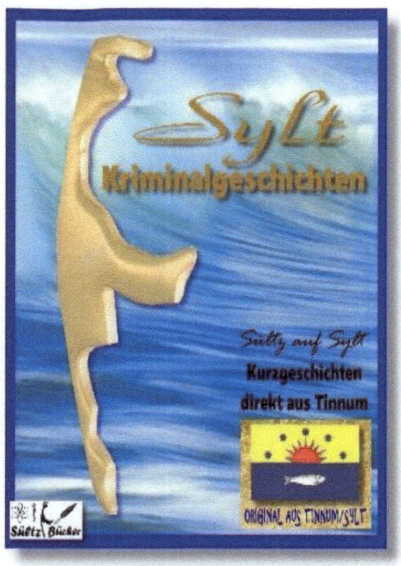
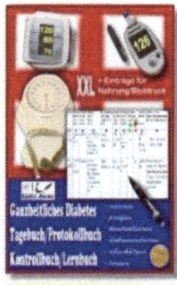

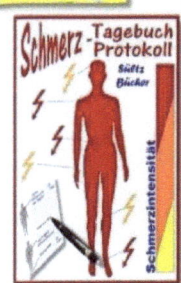

© 2020 Renate & Uwe H. Sültz
Herstellung und Verlag:
BoD – Books on Demand, Norderstedt
ISBN 9-78375-1-98482-9

OLDTIMER

BoD Verlag

Im Frühling
erwacht
der Oldtimer

**und im Herbst
motte ich
ihn wieder ein**

OLDTIMER
& YOUNGTIMER
KFZ-CHECKLISTEN
PROTOKOLLE
KONTROLLEN

**Oldtimer erwacht
Oldtimer eingemottet**

... ausreichend für 16 Jahre!
... inkl. Saison Historie!

Sültz Bücher

Uwe H. Sültz

Hallo liebe Fahrradfahrer, E-Biker und Familien,
oder wie auf Sylt üblich: „Moin" an alle Freunde von Fahrrädern & co.

Fahrradfahren ist nicht erst seit der Corona-Krise so richtig in Fahrt gekommen. Mit dem Fahrrad begann es bereits 1817, aber nicht so, wie wir Fahrräder heute kennen. Fahrräder wurden immer weiter entwickelt, bis zum heutigen E-Bike. Dies ist aber kein Fahrrad im klassischen Sinn, denn ein Fahrrad wird ausschließlich durch Muskelkraft betätigt. Übrigens wird das Wort FAHRRAD seit 1885 verwendet. Deutsche Fahrradvereine prägten es.

Gerade auf der Insel Sylt ist das Fahrrad sehr beliebt, eigentlich überall. Aber wir, Renate und Uwe H. Sültz, leben nun einmal auf der Insel, mit unserem Büro in Tinnum. Bereits in den 1980'er Jahren planten wir für Feriengäste Inseltouren und führten diese auch durch. Unsere damaligen TOURBÜCHER sind heute nicht mehr erhältlich. Aber mit diesem, total überarbeitetem neuen TOURBUCH, richten wir uns auch an die E-Biker. Wir wollen heute aber auch über Versicherungen und das Internet sprechen. Denn nicht nur das Fahrrad hat sich weiterentwickelt, auch Straßenkarten, Tankstellen, usw. sind heutzutage anders geworden… eigentlich die ganze Welt, auch Sylt. Hier nun eine Tour von Hörnum nach List:

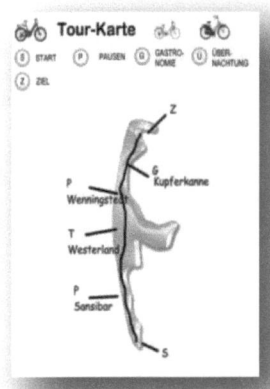

In der heutigen Zeit ist die Vorbereitung dank GOOGLE und co. einfacher geworden. Je besser die Vorbereitung ist, je sicherer und entspannter können Sie radeln. Fahren Sie vorrausschauend in Gedanken die Tour ab. Suchen Sie in der Tour-Umgebung nach Fahrrad-Läden, Gasthäuser und Übernachtungsmöglichkeiten. Aber auch nach Tankstellen. Diese haben sich auch stark weiter entwickelt. Hier gibt es heute nicht nur Luft für die Reifen, sondern Trinkwasser und Nahrungsmittel. Unser Motto war und ist: WASSER FÜR DEN FAHRER! ÖL UND LUFT FÜR DAS BIKE!

Unterwegs wird gestrampelt, konzentriert und gelacht.

Fahren Sie öfter mit dem Rad,

so tun Sie etwas für Ihre Figur!

Gut ist auch schwimmen im Bad,

aber noch besser ist Radfahren nur.

Hoppla, da radelt Opa an.

Mann, der ist ja betrunken.

Dass der noch fahren kann?

Dreist hat er uns zugewunken.

Gerade nüchtern soll man sein,

auf dem Rad im Straßenverkehr.

Auch wenn die Promille noch so klein,

radeln kannst Du dann nicht mehr.

Mein Fahrrad ist mein Leben.

Glänzen soll es immer fein.

Auf dem Radweg soll es alles geben.

Soll mein liebstes Fahrzeug sein.

Nun möchten wir Ihnen Tour-Tipps mit auf den Weg geben. Anschließend können Sie 6 Touren planen und fahren. Dabei können Sie vorab die Pack- und Checkliste abarbeiten. Gemeinsam mit Mitfahrern lassen sich nun der Tour-Ablauf und die Wegbeschreibung besprechen. Unterwegs wird die Tour-Karte ausgefüllt, sowie die Erlebnisse eingetragen. Auch Verbesserungsvorschläge werden auf der letzten Seite notiert.

Tipps zum Gepäck und zum Sattel:

Wie auch beim Reisen mit Koffern möchte man nicht mehr mitschleppen, als nötig. Beim Reisen mit dem Fahrrad kommt noch hinzu, dass man das Gewicht selbst bewegen muss... je mehr Ballast umso anstrengender wird also die Tour. Nehmen Sie Radtaschen und machen Sie sich mit deren Größe vertraut. Denn obwohl sie auf den ersten Blick klein wirken, passt doch mehr hinein als man denkt. Haben Sie bereits herausgefunden, wie viele Dinge Sie darin mitnehmen können, sollten Sie eine Strecke mit dem Gepäck fahren. Am besten Sie nehmen sich ein Wochenende Zeit und fahren zu einem Campingplatz, so haben Sie ein ähnliches Erlebnis wie auf der „richtigen" Reise, und es wird schnell klar, wie Sie mit dem Gewicht zurechtkommen. Auf unserer Radtour rund um den Edersee hatten wir ca. 12 Kg Gepäck, bzw. dem Campingkocher ein bisschen mehr. Es müssen keine 50 Kg sein, die man mit schleppt.

Auf jeden Fall, um herauszufinden wie Sie sich nach einem ganzen Tag auf dem Rad fühlen, können Sie eine Tour machen, die in etwa einer Tagesetappe entsprechen würde. Haben Sie sich vorgenommen am Tag 70 km zu fahren, suchen Sie sich ein Ziel aus, das weit genug entfernt ist. Zurück geht es dann mit dem Zug oder Sie nutzen den folgenden Tag zum Zurück- fahren. So werden Sie merken, wie sehr der Hintern nach einem Tag voller Belastung schmerzt, wie sich die Knie anfühlen und ob Sie überhaupt Lust auf so etwas haben. Niemand hat Spaß am Fahrradfahren, wenn der Hintern schmerzt! Nehmen Sie sich etwas Zeit und benutzen Sie in regelmäßigen Abständen das Fahrrad, damit sich Ihr Unterteil an den harten Sattel gewöhnen kann. Werden die Schmerzen auch nach einiger Zeit nicht besser, sollten Sie sich überlegen, ob Sie nicht einen anderen Sattel brauchen.

Sättel gibt es wie Sand am Meer. Dabei den richtigen zu finden ist eine echte Herausforderung, die aber auf jeden Fall nicht fehlen darf, wenn man sich auf eine Radtour vorbereiten möchte. Man kann entweder die Sitzknochen ausmessen lassen, um einen passgenauen Sattel zu bekommen. Wer Geld sparen möchte, sollte auf eine harte Sitzfläche achten. Mit den gepolsterten Hosen ist das dann gar nicht unbequem. Die Einstellung des Sattels spielt hierbei auch eine Rolle. Je nachdem ob er weiter vor oder zurück gekippt ist, wird entweder das Schambein oder das Sitzbein stärker belastet. Lassen Sie sich im Fachgeschäft beraten.

Die Länge der Radtour entscheidet also darüber, wie viele Taschen Sie mitnehmen sollten. Reicht bei einem Tagesausflug ein einfacher Rucksack, sollten Sie entsprechend aufrüsten, wenn Sie eine mehrtägige Radtour planen.

Bewährt hat sie die Kombination aus Satteltaschen und Lenkertasche. Die richtige Gewichtsverteilung ist dabei entscheidend für den Fahrkomfort. Schwerere Sachen eher nach unten in die Taschen packen. Die Verteilung des Gepäcks sollte zu 60% hinten und zu 40% vorne aufgeteilt sein.

Was braucht man bei den Radtouren? Nicht fehlen sollte auch ein Reifenheber, denn sonst bekommt man den Mantel nicht von der Felge. Die Wasserflasche darf ebenfalls nicht fehlen, sei es für Wasser, isotonische Getränke oder Tee, ganz nach Geschmack. Damit Sie auch während der Fahrt bequem essen und trinken können, sollten Sie spezielle Fahrradflaschen mit entsprechender Halterung am Rahmen verwenden. Mineralwasser-Flaschen aus Glas gehören nicht in den Flaschenhalter. Bei einem Sturz kann die Flasche explodieren und zu schlimmen Verletzungen durch zersplittertes Glas führen. Selbstverständlich gehört auch ein Handy zum Gepäck. Kommt man in Not und kann sich nicht selbst helfen, können mit dem Smartphone Freunde oder ein Taxi gerufen werden.

Diese Kleidung sollten Sie auf einer Radreise mitnehmen

Sportliche Kleidung gehört zur Fahrradtour, genau wie der Helm. Die Fahrradkleidung sollte den Schweiß von außen transportieren, damit man im Inneren nicht vor Kälte zittert. Auf jeden Fall gehört Ersatzkleidung ebenfalls auf die Radreise-Packliste, also besser zwei Radlerhosen und zwei Radlertrikots einpacken. Auch eine Jacke darf nicht vergessen werden. Man sollte nicht unbedingt auf den Preis achten, denn gute Fahrradklamotten trocknen auch viel schneller, wenn sie durchgewaschen werden oder wenn sie verschwitzt sind. Jacken aus Gore-Tex oder Fleece sind gut. Schuhe mit Absätzen sind schlecht geeignet, ein Sportschuh mit rutschfester Sohle ist angemessen. Am besten zwei Paar einpacken. Handschuhe, eine Fahrradbrille und der Fahrradhelm sind Accessoires die ebenfalls gebraucht werden. Regenbekleidung sollte auch im Gepäck sein und eine Mütze. Natürlich darf die Kleidung nicht fehlen, wenn das Rad ruht und man abends ausgehen möchte. Davon abgesehen sollte die Körperpflege mit eingepackt werden.

Wichtig! Nicht zu empfehlen ist bei einer mehrtägigen Tour ein Rucksack, da dieser auf Dauer die Rückenmuskulatur belasten und schmerzhafte Verspannungen verursachen kann. Am besten besorgt man sich im Fachhandel wasserdichte Fahrradtaschen mit wenig Eigengewicht. Beim Packen ist es sinnvoll, Regenkleidung zuoberst zu legen, falls das Wetter spontan umschlägt.

Tipps zur Anreise mit dem Zug:

Beginnt Ihr Fahrradabenteuer nicht direkt vor der Haustür, müssen Sie sich überlegen, wie Sie zum Startpunkt Ihrer Tour gelangen. Am nachhaltigsten geschieht dies per Bahn. Dabei gilt es zu beachten, dass ICE nur eingeschränkt Mitnahmemöglichkeiten für Räder anbieten. In Intercity- und Eurocity-Zügen ist dies problemlos möglich, sofern Sie eine Fahrradkarte sowie eine Stellplatzreservierung für Ihr Rad haben. Fahrradkarte und normales Ticket können Sie in einem Vorgang buchen. Weitere Infos zum Fahrradtransport gibt es bei der Deutschen Bahn, darunter auch zum Transport von E-Bikes.

.

Tipps zur Fahrrad-Ausrüstung:

Wollen Sie hauptsächlich auf der Straße fahren, reichen Reifen mit flacherem Profil. Zu dünn sollten diese aber nicht sein, falls Sie mal auf Schotter fahren müssen. Generelle Überprüfungen wie Öl an der Kette und Bremsen gehören natürlich auch dazu. Sollten Sie noch keinen Gepäckträger haben und sind die anderen Touren mit Rucksack gefahren, lohnt es sich jetzt, einen Gepäckträger zu montieren. Der muss auch gar nicht teuer sein. Hauptsache er ist stabil und hält auch die Belastung durch die Taschen aus.

Tipps zum Fahrradcheck:

Zur essentiellen Vorbereitung einer Radtour - ganz egal von welcher Länge - zählt der Fahrradcheck.

Was Ihnen auf dem Weg zum Bahnhof kaum auffällt, kann auf der Dauer einer mehrstündigen Radtour wertvolle Kräfte zehren, die unzureichende Sicherheit Ihres Rads gefährdet Sie und andere.

Schleifende Bremsen, schlecht geölte Ketten oder ein falsch eingestellter Sattel sollten im Vorfeld repariert und angepasst werden… die Funktionalitäts- und Sicherheitsprüfung vor Fahrantritt spart Kraft und Nerven.

Wollen Sie auf Nummer sichergehen, bringen Sie ihr Rad zum Fachmann in die nächste Werkstatt. Vor allem in Hinblick auf mehrtägige Reisetouren machen sich die Kosten hierfür schnell bezahlt.

Tipps zur Reparatur und zum Werkzeug:

Unterwegs kann es schnell mal passieren, dass man einen Platten bekommt. Für diesen Fall sollte man sich ein Reparatur-Kit zusammenstellen und sich auch mal anschauen, wie man einen Reifen wechselt. Ab und zu sollte auch die Kette geölt und die Bremsen überprüft werden. Je nachdem, wie abgefahren das Rad schon ist, kann man sich noch darüber informieren, wie man ein Schaltseil oder andere Bauteile wechselt oder sich im Zweifelsfall die Ressourcen im Internet zusammen suchen, damit man nicht blank da steht. Zur Grundausstattung der Räder gehören in jedem Fall eine kleine Tasche mit den wichtigsten Werkzeugen, falls kleine Reparaturen unterwegs notwendig werden, wie zum Beispiel Flickzeug, Schlüssel für verschiedene Einstellungen am Rad beispielsweise von Sattel, Lenker u.s.w., Ersatzventile, kleine Flasche Fahrrad-Öl und Ähnliches. Auch die Luftpumpe darf auf längeren Fahrradtouren nicht fehlen. Praktisch um weiteres Gepäck, wie zum Beispiel Regenzeug oder Lebensmittel mit sich auf dem Rad zu transportieren, sind Packtaschen. Bei den Packtaschen sollte darauf geachtet werden, dass sie richtig angebracht sind und nicht zu überladen werden, damit sie nicht am Hinterrad schleifen können.

Vor dem Start sollte Ihr Fahrrad auf jeden Fall technisch überprüft werden. Die wichtigsten Komponenten für die Verkehrssicherheit Ihres Rades sind:

Bremsen

Schaltung

Beleuchtung

Kette

Insbesondere die Kette wird bei einer längeren Tour arg strapaziert und sollte regelmäßig gereinigt und geölt werden.

Also: Die Fahrradkette hat den wichtigsten Job: Sie überträgt durch die Tretkraft des Fahrers das erzeugte Drehmoment auf das Antriebsrad. Gerade deshalb ist sie einem hohen Verschleiß ausgesetzt und es kann passieren, dass sie während der Radtour reißt oder kaputt geht.

Kleiner Reparaturtipp: Fahrradkette

Sucht das gerissene Gliederpaar. Entfernt das kaputte Kettenglied. Dazu setzt Ihr den entsprechenden Bolzen in den Kettennieter ein und fixiert den Stift, sodass er gerade auf dem Bolzen liegt. Treibt so lange den Niet heraus, dass er nicht ganz herausfällt, sich aber das Kettenglied lösen lässt.

Verlegt die Kette auf die Kettenblätter und vernietet die Kettenglieder wieder miteinander. Dazu fädelt Ihr die innere Kettenlasche in die Äußere. Setzt den Kettennieter an das Kettenglied an und schraubt mit Hilfe des Stiftes den Bolzen in den Verschluss rein.

Zum Schluss solltet Ihr die Kettenlänge überprüfen und feststellen, in welchen Gangstellungen die Kette nicht zu sehr gespannt ist, sodass Ihr eure Radtour noch entspannt beenden könnt.

Expertentipp: Die Fahrradkette ist in der Regel ölig und schmutzig. Damit die Finger nicht schmutzig werden, könnt Ihr Euch eine Socke als Handschuhersatz über die Hand ziehen.

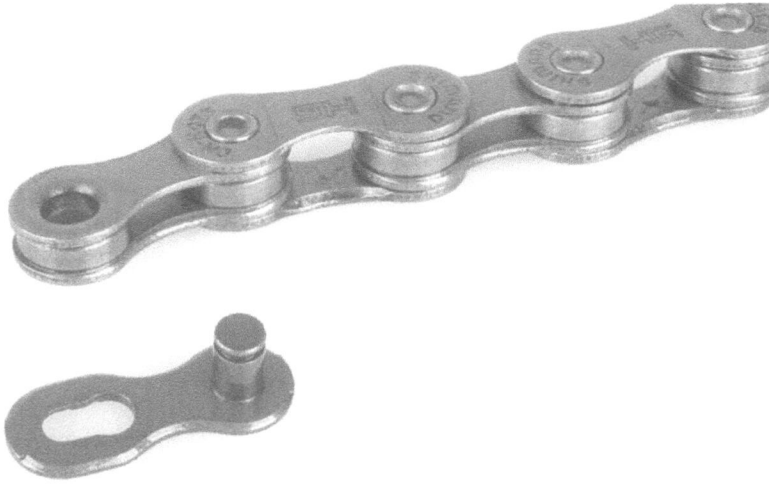

Kleiner Reparaturtipp: Schlauch flicken

Gerade bei unterschiedlichen Bodenverhältnissen kann es passieren, dass der Reifen platzt, besonders dann, wenn man über spitze Gegenstände oder mit Wucht über ein Schlagloch oder einen Bordstein fährt.

Schaltet in den ersten Gang und öffnet die Bremse, sodass das Rad herausgezogen werden kann, wenn die Muttern gelöst sind.

Entfernt das Rad, indem Ihr die Achse auf beiden Seiten lockert und die Kette löst.

Nun muss der Schlauch aus dem Mantel geholt werden. Dazu löst Ihr mit Hilfe des Reifenhebers die Felge von dem Mantel und zieht den Schlauch heraus.

Pumpt den Schlauch auf, um den Riss oder das Loch zu finden.

Wichtig ist, dass Splitter, Steine oder Scherben aus dem Loch entfernt werden, um einen weiteren Platten zu verhindern.

Schließt mit Hilfe des Flickzeugs den Riss und pumpt den Schlauch leicht auf, damit er sich nicht verdreht.

Nun könnt Ihr den Schlauch wieder mit dem Reifenheber in den Reifen drücken und in die Felge setzen.

Baut das Rad fest ein und pumpt den Reifen auf.

Tipps zu Fahrradkarten, GPS und Smartphone:

Spezielle Fahrradkarten helfen sich in allen Gegenden zurechtzufinden und weisen häufig die schönsten und interessantesten Fahrradwege aus. Auf Fahrradwegen abseits der Landstraßen ist es für Fahrradfahrer ein sicheres Fahren und häufig lassen sich die Schönheiten der Landschaften oder auch Sehenswürdigkeiten auf diesen Wegen eher entdecken. Aber auch GPS-Wegweiser oder Smartphone-Apps bieten die Möglichkeit, sich in allen Geländen zurechtzufinden und die richtigen Wege zu finden. Das Handy auf Fahrradtouren dabei zu haben, bietet auch die Sicherheit auf Wegen fernab der Straßen, in einsameren oder schwierigeren Geländen, bei einem Notfall Hilfe herbeirufen zu können.

Egal, wo es Sie also hin verschlägt, eine gute Navigation ist ausschlaggebend für den Erfolg und die Freude an der Fahrt. Dank der Höhenmeter- und Entfernungsmessung von Google Maps lassen sich die gewünschten Strecken schnell und einfach vorausplanen.

Praktische Smartphone-Halterungen für die Lenkstange gewährleisten auch unterwegs eine gute Orientierung und ersparen den Kauf eines teuren Navigationssystems.

Fahrrad-App besorgen!

Für Radtouren gibt es mittlerweile zahlreiche Apps. Bei den meisten handelt es sich um Navigationshilfen. Sie sollten sich aktueller Karten bedienen, ohne Internetverbindung nutzbar sein und eine tolle Routenplanung liefern. Am besten ist, wenn man sich das gewünschte Kartenmaterial der Region, in der die Tour stattfinden soll, auf den Speicher des Smartphones herunterladen und dieses bei Bedarf abrufen kann.

Neben der Angabe der Steigungen und der zu überwindenden Höhenmeter verfügen viele Navis über eine 3-D-Ansicht, was bei der Einschätzung einer Strecke sehr hilfreich ist. Google Maps ist – trotz aller Vorteile – für eine Radtour weniger geeignet, da das Tracking zu ungenau ist und den Radler oft über Autostraßen führt. Sehr beliebt bei Radurlaubern sind u. a. die Apps von Komoot oder Outdooractive.

Tipps zum E-Bike:

Am häufigsten wurden im vergangenen Jahr E-Citybikes (45 Prozent) verkauft, aber das E-Trekking-Bike ist mit rund 35,5 Prozent auf dem Vormarsch. Das elektrische Pendant zum klassischen Trekkingrad besitzt einige Gänge mehr und weist eine sportlichere Ergonomie auf. Außerdem verträgt es einiges mehr an Gepäck. Dank der motorisierten Unterstützung sind auch Fahrer mit geringer Kondition bei Steigungen oder Gegenwind deutlich schneller unterwegs als ohne.

Generell gelten Pedelecs mit Tretunterstützung bis zu 25 km/h Höchstgeschwindigkeit und maximal 250 Watt starken Motoren verkehrsrechtlich als Fahrräder. Deswegen gilt für sie kein Mindestalter, keine Versicherungs- und Führerscheinpflicht. Entsprechend könnt Ihr auf einer Familientour mit kleinen Kindern einen Kindersitz oder Kinder-Fahrradanhänger montieren. Allerdings solltet Ihr Euch vor dem Kauf erkundigen, ob seitens des Herstellers das Pedelec für das Ziehen eines Anhängers überhaupt zugelassen ist.

Für schnellere und leistungsstärkere E-Bikes mit bis zu 500 Watt starken Motoren dagegen, muss der Fahrer mindestens 15 Jahre alt sein und mindestens eine Mofa-Prüfbescheinigung nachweisen können.

Sicherlich ergeben sich auf einer E-Bike-Tour im Vergleich zu Ausflügen mit herkömmlichen Rädern einige Punkte, die vorab berücksichtigt werden sollten. Die Fahrradexperten von Rosebikes empfehlen auf langen und steilen Strecken die Mitnahme eines Zweitakkus. Vor der Tour könnt Ihr außerdem mögliche Ladestationen recherchieren.

Mittlerweile bieten viele Restaurants und Museen E-Bike-Ladestationen an. Die E-Bike-Ladestationen-App für Android und iOS von fahrrad.de bietet eine Übersicht der Ladestationen in Deutschland, Österreich und der Schweiz. Und sollte der Akku unterwegs leer gefahren sein, ist das auch kein Problem, denn Pedelecs funktionieren wie herkömmliche Fahrräder, angetrieben mit Eurer eigenen Muskelkraft.

Tipp: So steigert Ihr die Akku-Reichweite:

Moderne leistungsfähige Akkus mit Lithium-Ionen-Technologie halten etwa 100 Kilometer. Mit folgenden Tipps könnt Ihr die Akku-Reichweite steigern:

Mit einer Trittfrequenz von 60 bis 70 Kurbelumdrehungen pro Minute kommt Ihr am weitesten. Das Fahren in schweren Gängen mit einer langsamen Trittfrequenz dagegen kostet Strom.

Fahrt auf ebenen Etappen mit weniger Motorunterstützung.

Verzichtet bei längeren Passagen mit Gefälle gänzlich auf Motorenunterstützung.

Ölt regelmäßig die Kette und pumpt Luft auf, denn ein niedriger Rollwiderstand lässt sich nur mit dem optimalen Luftdruck erzielen.

Auch wenn Ihr nur selten mit dem E-Bike fahrt, solltet Ihr regelmäßig den Akku laden

Quelle: pressedienst fahrrad

Tipps zur Bekleidung:

Auf längeren Fahrradtouren muss, zumindest in Deutschland, mit Wetterwechseln gerechnet werden. Die Kleidung sollte dementsprechend den Wetterverhältnissen angepasst sein. Die richtige Outdoor-Kleidung hilft auch auf eventuelle schnell eintretende Wetterereignisse, wie beispielsweise Temperaturschwankungen oder Regengüsse und ähnliches, perfekt vorbereitet zu sein. Die Auswahl an Outdoor-Bekleidung ist sehr vielfältig. Festes Schuhwerk gehört auf längeren Fahrradtouren mit zur Grundausrüstung. Nur feste Schuhe ermöglichen ein sicheres Fahren und Wandern in den unterschiedlichen Geländen.

Tipps zur Ernährung:

Das Radfahren und die frische Luft sorgen oftmals für ordentlichen Appetit. Vor dem Antreten der Fahrradtour sorgt ein ordentliches Frühstück für eine gute Grundlage. Das Fahren auf dem Rad kostet ordentlich Kraft und es werden auch viele Kalorien verbraucht. Was gibt es auch Schöneres, als ein kleines Picknick zwischendurch auf einer grünen Wiese. Allerdings sollte während der Tour leichter Kost der Vorzug gegeben werden. Obst und Gemüse als Rohkost, leichte Müsliriegel und Salate sind für die Mahlzeit während der Fahrradtour eine gute Wahl, da der Stoffwechsel nicht zu stark vor dem Weiterfahren belastet werden sollte. Wichtig ist es während der Fahrt auf ausreichende Flüssigkeitszufuhr zu achten. Der Körper schwitzt bei der

Fahrradtour stärker als üblich und die Radfahrer sollten für einen guten Flüssigkeitsausgleich sorgen. Am besten eignen sich hierfür Wasser, Säfte oder Tee.

Tipp zum Flüssigkeitsbedarf:

Häufig unterschätzen Radurlauber den Flüssigkeitsbedarf ihres Körpers. Zu wenig Wasser bei einer längeren Strecke kann zu Konzentrationsproblemen und Muskelkrämpfen führen. Am besten trinkt man spätestens alle 30 Minuten ein paar Schlucke, auch wenn man noch kein Durstgefühl hat. Zwischendurch hin und wieder ein isotonisches Sportgetränk oder eine Fruchtschorle versorgen den Körper schnell mit Energie.

Tipps zu Pausen:

Pausen ermöglichen den Radfahrern das Tanken neuer Energie und bilden die Brücke zwischen der sportlicheren Betätigung und der Besichtigung von Sehenswürdigkeiten und kulturellen Highlights einer Reise. Die Herausforderung besteht darin, auch bei kurzer Rast einen optimalen Ausgleich zwischen Erholung und Erlebnis zu schaffen.

Damit Sie bei Einbruch der Dämmerung nicht erst mühevoll eine geeignete Herberge suchen müssen und eventuell überteuerte Preise bezahlen, sollten Sie die Anzahl und Dauer Ihrer Übernachtungen im Vorfeld gründlich planen und entsprechende Hotelangebote oder Zeltplätze heraussuchen und vergleichen.

Bei aller Planung und Vorbereitung: Seien Sie jeden Tag bereit für spontane Entscheidungen. Nicht nur das Wetter kann Ihnen unerwartet einen Strich durch die Rechnung machen. Es gibt Tage, an denen sind die Beine schwer oder es fehlt die Lust, die angesetzte Etappe bis zum Ende durchzuradeln. Machen Sie ruhig öfter eine ungeplante Einkehr, legen Sie die Füße hoch und lassen Sie die Seele baumeln. Dann wird Ihr erster Fahrradurlaub sicher nicht der letzte sein.

Tipp für wichtige Utensilien:

Der Personalausweis oder Reisepass ist verpflichtend dabei, ebenso wie Geld und eine entsprechende Bankkarte. Falls vorhanden, sollte auch ein Allergiepass, Medikationskarte, Schwerbehinderten- oder Rentenausweis mitgenommen, werden. Der Reiseführer mit entsprechenden Informationen und Karten und falls nötig auch ein Sprachführer, sowie ein

Beleg über Reservierungen und Buchungen sollten ebenfalls mitgenommen werden. Ein Handy bzw. Smartphone kann auf jeder Reise nützlich sein, vor allem um notfalls Hilfe zu rufen.

Tipp für die Gesundheit:

Die kleine Reiseapotheke sollte Pflaster, Verbandszeug, Sonnenschutzmittel, Insektenschutzmittel und die benötigte Menge an Medikamenten enthalten.

Tipps für die Übernachtung:

Sofern Sie individuell unterwegs sind und kein Pauschalangebot mit Gepäcktransport und Unterkünften gebucht haben, sollten Sie sich vorab um eine passende Schlafgelegenheit kümmern. Entlang der viel befahrenen Fernradwanderwege gibt es zahllose Pensionen und Gasthäuser, die sich speziell auf die radelnde Klientel eingestellt haben. Das Serviceangebot umfasst meist Unterstellmöglichkeiten, Radwerkzeug und Reparaturservice, Trockenraum für nasse Kleidung, Lademöglichkeiten für Pedelecs etc. Unterkünfte für Ihren Radurlaub finden Sie beispielsweise bei Bett + Bike.

Natürlich können Sie Ihren Urlaub auch abenteuerlicher gestalten, indem Sie auf Campingplätzen übernachten oder in Ländern, in denen das sogenannte Jedermannsrecht gilt, sogar in der freien Natur. Bedenken Sie jedoch, dass Sie in diesem Fall mehr Gepäck zu transportieren haben. Infos zum Jedermannsrecht finden Sie u. a. bei Bergzeit, zu Campingplätzen bei Pincamp.

Tipps zur Notrufnummer und zur Versicherung:

Leider kennen sie viele noch nicht: Aber die Notrufnummer 112 gilt in der gesamten EU und einigen anderen europäischen Ländern. Die 112 ist gebührenfrei von allen Fest- und Mobilfunknetzen zu erreichen. Im beliebten Reiseland Kroatien muss man bei Notfällen die Nummern 92, 93 oder 94 wählen.

Vorweg gesagt, auf der Insel haben wir persönlich keine Versicherung. Ein Anruf genügt und unser Transporter ist zur Stelle. Aber es gibt sie, die Versicherung. Also erwähnen wir sie auch:

Sie haben sich einen Platten in den Fahrradreifen gefahren? Der E-Bike-Motor hat während einer Radreise den Geist aufgegeben? Da wäre eine Pannenhilfe wie fürs Auto nicht schlecht. Und das gibt's tatsächlich: Beim ACV ist die Pannenhilfe fürs Fahrrad inklusive.

Mit dem Fahrrad kommt man bei Ausflügen oder im Urlaub an die idyllischsten Orte und als Pendler schnell voran. Was aber, wenn das Rad nach einer Panne oder einem Unfall nicht weiterfahren kann? Etwa, wenn nach einem Sturz der Rahmen verbogen ist, der Reifen geplatzt ist oder beim E-Bike der Motor aussetzt?

Wenn das auf der Radreise in Südfrankreich oder auf dem Weg zur Arbeit auf dem Radschnellweg passiert, ist man plötzlich im Nirgendwo gestrandet. Keine Bahn in der Nähe zum Einsteigen, keine Freunde zum Abholen und an eine Reparatur aus eigener Kraft ist nicht zu denken?

Damit Radfahrer in solchen Situationen nicht auf sich alleine gestellt sind, gibt es beim ACV Automobil-Club Verkehr neben den klassischen Leistungen für's Auto auch Pannenhilfe und Abschleppdienst fürs Fahrrad.

Wenn Sie beim ACV eine Mitgliedschaft für Pkw abgeschlossen haben, sind Sie auch automatisch gegen Pannen mit dem Fahrrad abgesichert. Dann heißt es wie beim Pannenfall mit dem Auto:

Einfach bei der Notrufzentrale unter 0221 757575 anrufen oder in der AppACV Co-Pilot per Klick den Schaden melden. Die Notrufzentrale greift auf ein bundesweites Partnernetzwerk zurück und vermittelt Ihnen innerhalb kurzer Zeit einen Pannenhelfer in Ihrer Nähe. Dies kann eine mobile Fahrradwerkstatt oder ein klassisches Pannenfahrzeug sein.

Der ARCD-Fahrradschutzbrief

Mobilität hat viele Facetten, jedoch stets den gleichen Hintergrund: Reisende wollen ein Ziel erreichen. Seit seiner Gründung im Jahr 1928 sieht es der ARCD Auto- und Reiseclub Deutschland e.V. als seine Aufgabe, Menschen mit umfassenden Schutz- und Serviceleistungen zu begleiten. Dies ist unser Beitrag, um dafür zu sorgen, dass Menschen entspannt ankommen. Dabei orientieren wir uns stets an den Bedürfnissen unserer Mitglieder. Deshalb haben wir am 1. Januar 1986 als erster deutscher Automobilclub den obligatorischen ARCD-Schutzbrief eingeführt. Heute sind unsere Mitglieder zunehmend auch mit dem Fahrrad unterwegs. Für optimalen Schutz sorgt dabei der ARCD-Fahrradschutzbrief.

Wenn Sie als Fahrradfahrer in Deutschland Pannen- oder Unfallhilfe benötigen, wenden Sie sich bitte direkt an die ARCD-Notrufzentrale. Diese erreichen Sie rund um die Uhr in Deutschland unter

Telefon 0 98 41 / 4 09 49.

Als ARCD-Mitglied sind Sie und Ihre Lieben optimal abgesichert. Denn die ARCD-Mitgliedschaft schützt Sie als Mitglied, auch wenn Sie mit dem Fahrrad unterwegs sind. Gleichzeitig ist Ihr im gleichen Haushalt lebender Ehe-/Lebenspartner abgesichert. Ebenso wie Ihre minderjährigen Kinder – und unabhängig davon, ob Sie als Mitglied auf der Radtour mit dabei sind oder nicht.

Pannenhilfe für Fahrrad & E-Bike

Wie sinnvoll sind Schutzbriefe für Fahrrad und E-Bike? Immer mehr Menschen sind mit dem Fahrrad oder dem E-Bike (Fachbegriff: Pedelec) unterwegs. Da ist es durchaus sinnvoll, über die Pannenhilfe nachzudenken.

https://pannenhilfevergleich.de/pannenhilfe-fuer-fahrrad-e-bi

Wir haben über Jahrzehnte Erfahrungen gesammelt und mit Sorgfalt dieses neue Tour-Büchlein zusammengestellt. Auch haben wir auf den günstigen Preis geachtet: Wir sind Radfahrer und haben dieses Buch für Radfahrer veröffentlicht! Und denken Sie daran: WASSER FÜR DEN FAHRER! ÖL UND LUFT FÜR DAS BIKE!

Tinnum auf Sylt, Renate & Uwe H. Sültz

 # Packliste

ERLEDIGT

Flickzeug, Fahrradschlauch, Luftpumpe

Kleines Fahrradwerkzeug (Multitool, Schraubenzieher, Schraubenschlüssel, Inbusschlüssel

Kettenöl und Extrakette (bei sehr langen Touren)

Navi (Karten, Fahrrad-Navi, Navi-App auf Smartphone) plus Halterung oder Lenkertasche

Fahrradschloss

Licht

Halterung für Trinkflasche

Zelt

Isomatte

Kocher

Ersatzschlauch

Luftpumpe

Reifenheber

Fahrradflasche

Smartphone

Fahrradkleidung

Fahrradbrille

Fahrradhelm

Regenjacke

Mütze

Pflaster

Verbandszeug

Sonnenschutzmittel

Insektenschutzmittel

ggf. benötigte Medikamente

Funktionskleidung, sie trocknet schnell und hält den (Fahrt-)Wind ab

Wechselwäsche (nicht zu viel, lieber öfter waschen), Schlaf- und Badebekleidung

Bequeme Sportschuhe, evtl. Badeschuhe

Regenkleidung mit Fahrradüberschuhen (Gamaschen) und Regenhose

Medikamente, Notfallset

Taschenlampe oder Stirnlampe

Geld, Ausweis, Versicherungskarte, evtl. Bahnticket, Hotel-Voucher

Wasser für den Fahrer!
Öl und Luft für das Bike!

 # Checkliste

ERLEDIGT

Luftdruck - Befindet sich ausreichend Luft auf den Reifen?
Tourenräder benötigen etwa vier bis fünf Bar Luftdruck im Schlauch.

Achslager - Ist das Achslager spielfrei? Das können Sie überprüfen,
indem Sie beide Räder mehrmals mit der Hand hin und her bewegt.

Reifenprofil - Der Reifen sollte weder abgefahren sein, noch Risse haben.
Achteen Sie darauf, dass die Felge gerade im Reifen sitzt.

Hinterrad - Es sollte auf beiden Seiten den gleichen
Abstand zur Kettenstrebe haben - mittig sitzen.

Bremse - Wichtig ist die Funktionstüchtigkeit der Bremsseile und Seilhüllen.
Außerdem sollten die Rillen der Bremsgummis erkennbar und
die Bremsbelege nicht abgenutzt sein.

Lager - Sitzen Tret- und Lenklager fest? Um das zu überprüfen, können Sie
die Bremse anziehen und das Rad ein paar Mal vor- und zurückbewegen.

Kette - Die Kette darf nicht angerostet und alle Kettenglieder sollen frei
beweglich sein. Hängt die Kette durch, sollte sie gespannt und geschmiert werden.

Licht - Überprüfen Sie, ob der Dynamo funktioniert, beziehungsweise
das Licht am Fahrrad leuchtet.

Akku - Akku vor der Fahrt laden! Ladegerät nicht vergessen!

Schrauben und Muttern - Überprüfen Sie, ob alles festgezogen ist.

Wasser für den Fahrer!
Öl und Luft für das Bike!

 # Tour-Ablauf

Ort der Tour: _____

Datum Beginn der Tour: _____

Datum Ende der Tour: _____

Startzeit: _____

Pausen: _____

Endzeit: _____

Rückfahrt mit dem

Zug ⚪   PKW ⚪   Fahrrad ⚪

Übernachtung

im Hotel ⚪   in der Pansion ⚪   auf dem Campingplatz ⚪   im Zelt ⚪

Adressen: _____

_____

_____

_____

_____

Telefon-Nummern: _____

_____

Internet-Adressen: _____

_____

Eigene Angaben (Personenzahl, E-Bike, Fahrrad-Typ, Anreise, usw.): _____

_____

_____

_____

Wasser für den Fahrer!
Öl und Luft für das Bike!

 # Wegbeschreibung

Wasser für den Fahrer!
Öl und Luft für das Bike!

 # Tour-Karte

(S) START   (P) PAUSEN   (G) GASTRO-NOMIE   (Ü) ÜBER-NACHTUNG

(Z) ZIEL

F FAHRRAD-LADEN

T TANK-STELLE

Luftdruck: _____

Temperatur: _____

Wetter:

Erlebnisse
und Erfahrungen/Verbesserungen
für die nächste Tour

Wasser für den Fahrer!
Öl und Luft für das Bike!

Erlebnisse
und Erfahrungen/Verbesserungen
für die nächste Tour

Wasser für den Fahrer!
Öl und Luft für das Bike!

 # Packliste

ERLEDIGT

Flickzeug, Fahrradschlauch, Luftpumpe

Kleines Fahrradwerkzeug (Multitool, Schraubenzieher, Schraubenschlüssel, Inbusschlüssel

Kettenöl und Extrakette (bei sehr langen Touren)

Navi (Karten, Fahrrad-Navi, Navi-App auf Smartphone) plus Halterung oder Lenkertasche

Fahrradschloss

Licht

Halterung für Trinkflasche

Zelt

Isomatte

Kocher

Ersatzschlauch

Luftpumpe

Reifenheber

Fahrradflasche

Smartphone

Fahrradkleidung

Fahrradbrille

Fahrradhelm

Regenjacke

Mütze

Pflaster

Verbandszeug

Sonnenschutzmittel

Insektenschutzmittel

ggf. benötigte Medikamente

Funktionskleidung, sie trocknet schnell und hält den (Fahrt-)Wind ab

Wechselwäsche (nicht zu viel, lieber öfter waschen), Schlaf- und Badebekleidung

Bequeme Sportschuhe, evtl. Badeschuhe

Regenkleidung mit Fahrradüberschuhen (Gamaschen) und Regenhose

Medikamente, Notfallset

Taschenlampe oder Stirnlampe

Geld, Ausweis, Versicherungskarte, evtl. Bahnticket, Hotel-Voucher

Wasser für den Fahrer!
Öl und Luft für das Bike!

 # Checkliste

ERLEDIGT

Luftdruck - Befindet sich ausreichend Luft auf den Reifen?
Tourenräder benötigen etwa vier bis fünf Bar Luftdruck im Schlauch.

Achslager - Ist das Achslager spielfrei? Das können Sie überprüfen,
indem Sie beide Räder mehrmals mit der Hand hin und her bewegt.

Reifenprofil - Der Reifen sollte weder abgefahren sein, noch Risse haben.
Achteen Sie darauf, dass die Felge gerade im Reifen sitzt.

Hinterrad - Es sollte auf beiden Seiten den gleichen
Abstand zur Kettenstrebe haben - mittig sitzen.

Bremse - Wichtig ist die Funktionstüchtigkeit der Bremsseile und Seilhüllen.
Außerdem sollten die Rillen der Bremsgummis erkennbar und
die Bremsbelege nicht abgenutzt sein.

Lager - Sitzen Tret- und Lenklager fest? Um das zu überprüfen, können Sie
die Bremse anziehen und das Rad ein paar Mal vor- und zurückbewegen.

Kette - Die Kette darf nicht angerostet und alle Kettenglieder sollen frei
beweglich sein. Hängt die Kette durch, sollte sie gespannt und geschmiert werden.

Licht - Überprüfen Sie, ob der Dynamo funktioniert, beziehungsweise
das Licht am Fahrrad leuchtet.

Akku - Akku vor der Fahrt laden! Ladegerät nicht vergessen!

Schrauben und Muttern - Überprüfen Sie, ob alles festgezogen ist.

Wasser für den Fahrer!
Öl und Luft für das Bike!

 # Tour-Ablauf

Ort der Tour: _____

Datum Beginn der Tour: _____

Datum Ende der Tour: _____

Startzeit: _____

Pausen: _____

Endzeit: _____

Rückfahrt mit dem
Zug ⚪   PKW ⚪   Fahrrad ⚪

Übernachtung
im Hotel ⚪   in der Pansion ⚪   auf dem Campingplatz ⚪   im Zelt ⚪

Adressen: _____

_____

_____

_____

_____

Telefon-Nummern: _____

_____

Internet-Adressen: _____

_____

Eigene Angaben (Personenzahl, E-Bike, Fahrrad-Typ, Anreise, usw.): _____

_____

_____

Wasser für den Fahrer!
Öl und Luft für das Bike!

Wegbeschreibung

Wasser für den Fahrer!
Öl und Luft für das Bike!

 # Tour-Karte

(S) START   (P) PAUSEN   (G) GASTRO-NOMIE   (Ü) ÜBER-NACHTUNG

(Z) ZIEL

(F) FAHRRAD-LADEN

(T) TANK-STELLE

Luftdruck: _____
Temperatur: _____
Wetter:

Erlebnisse
und Erfahrungen/Verbesserungen
für die nächste Tour

Wasser für den Fahrer!
Öl und Luft für das Bike!

Erlebnisse
und Erfahrungen/Verbesserungen für die nächste Tour

Wasser für den Fahrer!
Öl und Luft für das Bike!

 # Packliste

Flickzeug, Fahrradschlauch, Luftpumpe

Kleines Fahrradwerkzeug (Multitool, Schraubenzieher, Schraubenschlüssel, Inbusschlüssel

Kettenöl und Extrakette (bei sehr langen Touren)

Navi (Karten, Fahrrad-Navi, Navi-App auf Smartphone) plus Halterung oder Lenkertasche

Fahrradschloss

Licht

Halterung für Trinkflasche

Zelt

Isomatte

Kocher

Ersatzschlauch

Luftpumpe

Reifenheber

Fahrradflasche

Smartphone

Fahrradkleidung

Fahrradbrille

Fahrradhelm

Regenjacke

Mütze

Pflaster

Verbandszeug

Sonnenschutzmittel

Insektenschutzmittel

ggf. benötigte Medikamente

Funktionskleidung, sie trocknet schnell und hält den (Fahrt-)Wind ab

Wechselwäsche (nicht zu viel, lieber öfter waschen), Schlaf- und Badebekleidung

Bequeme Sportschuhe, evtl. Badeschuhe

Regenkleidung mit Fahrradüberschuhen (Gamaschen) und Regenhose

Medikamente, Notfallset

Taschenlampe oder Stirnlampe

Geld, Ausweis, Versicherungskarte, evtl. Bahnticket, Hotel-Voucher

Wasser für den Fahrer!
Öl und Luft für das Bike!

 # Checkliste

ERLEDIGT

Luftdruck - Befindet sich ausreichend Luft auf den Reifen?
Tourenräder benötigen etwa vier bis fünf Bar Luftdruck im Schlauch.

Achslager - Ist das Achslager spielfrei? Das können Sie überprüfen,
indem Sie beide Räder mehrmals mit der Hand hin und her bewegt.

Reifenprofil - Der Reifen sollte weder abgefahren sein, noch Risse haben.
Achteen Sie darauf, dass die Felge gerade im Reifen sitzt.

Hinterrad - Es sollte auf beiden Seiten den gleichen
Abstand zur Kettenstrebe haben - mittig sitzen.

Bremse - Wichtig ist die Funktionstüchtigkeit der Bremsseile und Seilhüllen.
Außerdem sollten die Rillen der Bremsgummis erkennbar und
die Bremsbelege nicht abgenutzt sein.

Lager - Sitzen Tret- und Lenklager fest? Um das zu überprüfen, können Sie
die Bremse anziehen und das Rad ein paar Mal vor- und zurückbewegen.

Kette - Die Kette darf nicht angerostet und alle Kettenglieder sollen frei
beweglich sein. Hängt die Kette durch, sollte sie gespannt und geschmiert werden.

Licht - Überprüfen Sie, ob der Dynamo funktioniert, beziehungsweise
das Licht am Fahrrad leuchtet.

Akku - Akku vor der Fahrt laden! Ladegerät nicht vergessen!

Schrauben und Muttern - Überprüfen Sie, ob alles festgezogen ist.

Wasser für den Fahrer!
Öl und Luft für das Bike!

 # Tour-Ablauf

Ort der Tour: _____

Datum Beginn der Tour: _____

Datum Ende der Tour: _____

Startzeit: _____

Pausen: _____

Endzeit: _____

Rückfahrt mit dem

Zug ⬤   PKW ⬤   Fahrrad ⬤

Übernachtung

im Hotel ⬤   in der Pansion ⬤   auf dem Campingplatz ⬤   im Zelt ⬤

Adressen: _____

_____

_____

_____

_____

Telefon-Nummern: _____

_____

Internet-Adressen: _____

_____

Eigene Angaben (Personenzahl, E-Bike, Fahrrad-Typ, Anreise, usw.): _____

_____

_____

Wasser für den Fahrer!
Öl und Luft für das Bike!

 # Wegbeschreibung

Wasser für den Fahrer!
Öl und Luft für das Bike!

 # Tour-Karte

(S) START (P) PAUSEN (G) GASTRO-NOMIE (Ü) ÜBER-NACHTUNG

(Z) ZIEL

(F) FAHRRAD-LADEN

(T) TANK-STELLE

Luftdruck: _____
Temperatur: _____
Wetter:

Erlebnisse
und Erfahrungen/Verbesserungen
für die nächste Tour

Wasser für den Fahrer!
Öl und Luft für das Bike!

Erlebnisse
und Erfahrungen/Verbesserungen für die nächste Tour

Wasser für den Fahrer!
Öl und Luft für das Bike!

 # Packliste

Flickzeug, Fahrradschlauch, Luftpumpe

Kleines Fahrradwerkzeug (Multitool, Schraubenzieher, Schraubenschlüssel, Inbusschlüssel

Kettenöl und Extrakette (bei sehr langen Touren)

Navi (Karten, Fahrrad-Navi, Navi-App auf Smartphone) plus Halterung oder Lenkertasche

Fahrradschloss

Licht

Halterung für Trinkflasche

Zelt

Isomatte

Kocher

Ersatzschlauch

Luftpumpe

Reifenheber

Fahrradflasche

Smartphone

Fahrradkleidung

Fahrradbrille

Fahrradhelm

Regenjacke

Mütze

Pflaster

Verbandszeug

Sonnenschutzmittel

Insektenschutzmittel

ggf. benötigte Medikamente

Funktionskleidung, sie trocknet schnell und hält den (Fahrt-)Wind ab

Wechselwäsche (nicht zu viel, lieber öfter waschen), Schlaf- und Badebekleidung

Bequeme Sportschuhe, evtl. Badeschuhe

Regenkleidung mit Fahrradüberschuhen (Gamaschen) und Regenhose

Medikamente, Notfallset

Taschenlampe oder Stirnlampe

Geld, Ausweis, Versicherungskarte, evtl. Bahnticket, Hotel-Voucher

Wasser für den Fahrer!
Öl und Luft für das Bike!

Checkliste

ERLEDIGT

Luftdruck - Befindet sich ausreichend Luft auf den Reifen?
Tourenräder benötigen etwa vier bis fünf Bar Luftdruck im Schlauch.

Achslager - Ist das Achslager spielfrei? Das können Sie überprüfen,
indem Sie beide Räder mehrmals mit der Hand hin und her bewegt.

Reifenprofil - Der Reifen sollte weder abgefahren sein, noch Risse haben.
Achteen Sie darauf, dass die Felge gerade im Reifen sitzt.

Hinterrad - Es sollte auf beiden Seiten den gleichen
Abstand zur Kettenstrebe haben - mittig sitzen.

Bremse - Wichtig ist die Funktionstüchtigkeit der Bremsseile und Seilhüllen.
Außerdem sollten die Rillen der Bremsgummis erkennbar und
die Bremsbelege nicht abgenutzt sein.

Lager - Sitzen Tret- und Lenklager fest? Um das zu überprüfen, können Sie
die Bremse anziehen und das Rad ein paar Mal vor- und zurückbewegen.

Kette - Die Kette darf nicht angerostet und alle Kettenglieder sollen frei
beweglich sein. Hängt die Kette durch, sollte sie gespannt und geschmiert werden.

Licht - Überprüfen Sie, ob der Dynamo funktioniert, beziehungsweise
das Licht am Fahrrad leuchtet.

Akku - Akku vor der Fahrt laden! Ladegerät nicht vergessen!

Schrauben und Muttern - Überprüfen Sie, ob alles festgezogen ist.

Wasser für den Fahrer!
Öl und Luft für das Bike!

 # Tour-Ablauf

Ort der Tour: _____

Datum Beginn der Tour: _____

Datum Ende der Tour: _____

Startzeit: _____

Pausen: _____

Endzeit: _____

Rückfahrt mit dem
Zug ◯   PKW ◯   Fahrrad ◯

Übernachtung
im Hotel ◯   in der Pansion ◯   auf dem Campingplatz ◯   im Zelt ◯

Adressen: _____

_____

_____

_____

_____

Telefon-Nummern: _____

_____

Internet-Adressen: _____

_____

Eigene Angaben (Personenzahl, E-Bike, Fahrrad-Typ, Anreise, usw.): _____

_____

_____

_____

Wasser für den Fahrer!
Öl und Luft für das Bike!

 # Wegbeschreibung

Wasser für den Fahrer!
Öl und Luft für das Bike!

 # Tour-Karte

(S) START (P) PAUSEN (G) GASTRO-NOMIE (Ü) ÜBER-NACHTUNG

(Z) ZIEL

(F) FAHRRAD-LADEN   (T) TANK-STELLE

Luftdruck: _____
Temperatur: _____
Wetter:

Erlebnisse
und Erfahrungen/Verbesserungen
für die nächste Tour

Wasser für den Fahrer!
Öl und Luft für das Bike!

Erlebnisse
und Erfahrungen/Verbesserungen für die nächste Tour

Wasser für den Fahrer!
Öl und Luft für das Bike!

 # Packliste

Flickzeug, Fahrradschlauch, Luftpumpe

Kleines Fahrradwerkzeug (Multitool, Schraubenzieher, Schraubenschlüssel, Inbusschlüssel

Kettenöl und Extrakette (bei sehr langen Touren)

Navi (Karten, Fahrrad-Navi, Navi-App auf Smartphone) plus Halterung oder Lenkertasche

Fahrradschloss

Licht

Halterung für Trinkflasche

Zelt

Isomatte

Kocher

Ersatzschlauch

Luftpumpe

Reifenheber

Fahrradflasche

Smartphone

Fahrradkleidung

Fahrradbrille

Fahrradhelm

Regenjacke

Mütze

Pflaster

Verbandszeug

Sonnenschutzmittel

Insektenschutzmittel

ggf. benötigte Medikamente

Funktionskleidung, sie trocknet schnell und hält den (Fahrt-)Wind ab

Wechselwäsche (nicht zu viel, lieber öfter waschen), Schlaf- und Badebekleidung

Bequeme Sportschuhe, evtl. Badeschuhe

Regenkleidung mit Fahrradüberschuhen (Gamaschen) und Regenhose

Medikamente, Notfallset

Taschenlampe oder Stirnlampe

Geld, Ausweis, Versicherungskarte, evtl. Bahnticket, Hotel-Voucher

Wasser für den Fahrer!
Öl und Luft für das Bike!

 # Checkliste

ERLEDIGT

Luftdruck - Befindet sich ausreichend Luft auf den Reifen?
Tourenräder benötigen etwa vier bis fünf Bar Luftdruck im Schlauch.

Achslager - Ist das Achslager spielfrei? Das können Sie überprüfen,
indem Sie beide Räder mehrmals mit der Hand hin und her bewegt.

Reifenprofil - Der Reifen sollte weder abgefahren sein, noch Risse haben.
Achteen Sie darauf, dass die Felge gerade im Reifen sitzt.

Hinterrad - Es sollte auf beiden Seiten den gleichen
Abstand zur Kettenstrebe haben - mittig sitzen.

Bremse - Wichtig ist die Funktionstüchtigkeit der Bremsseile und Seilhüllen.
Außerdem sollten die Rillen der Bremsgummis erkennbar und
die Bremsbelege nicht abgenutzt sein.

Lager - Sitzen Tret- und Lenklager fest? Um das zu überprüfen, können Sie
die Bremse anziehen und das Rad ein paar Mal vor- und zurückbewegen.

Kette - Die Kette darf nicht angerostet und alle Kettenglieder sollen frei
beweglich sein. Hängt die Kette durch, sollte sie gespannt und geschmiert werden.

Licht - Überprüfen Sie, ob der Dynamo funktioniert, beziehungsweise
das Licht am Fahrrad leuchtet.

Akku - Akku vor der Fahrt laden! Ladegerät nicht vergessen!

Schrauben und Muttern - Überprüfen Sie, ob alles festgezogen ist.

Wasser für den Fahrer!
Öl und Luft für das Bike!

 # Tour-Ablauf

Ort der Tour: _____
Datum Beginn der Tour: _____
Datum Ende der Tour: _____
Startzeit: _____
Pausen: _____
Endzeit: _____

Rückfahrt mit dem
Zug ⬤   PKW ⬤   Fahrrad ⬤
Übernachtung
im Hotel ⬤   in der Pansion ⬤   auf dem Campingplatz ⬤   im Zelt ⬤
Adressen: _____
_____
_____
_____
_____

Telefon-Nummern: _____
_____

Internet-Adressen: _____
_____

Eigene Angaben (Personenzahl, E-Bike, Fahrrad-Typ, Anreise, usw.): _____
_____
_____

Wasser für den Fahrer!
Öl und Luft für das Bike!

 # Wegbeschreibung

Wasser für den Fahrer!
Öl und Luft für das Bike!

 # Tour-Karte

(S) START (P) PAUSEN (G) GASTRO-NOMIE (Ü) ÜBER-NACHTUNG

(Z) ZIEL

(F) FAHRRAD-LADEN

(T) TANK-STELLE

Luftdruck: _____
Temperatur: _____
Wetter:

Erlebnisse
und Erfahrungen/Verbesserungen
für die nächste Tour

Wasser für den Fahrer!
Öl und Luft für das Bike!

Erlebnisse
und Erfahrungen/Verbesserungen
für die nächste Tour

Wasser für den Fahrer!
Öl und Luft für das Bike!

 # Packliste

Flickzeug, Fahrradschlauch, Luftpumpe

Kleines Fahrradwerkzeug (Multitool, Schraubenzieher, Schraubenschlüssel, Inbusschlüssel

Kettenöl und Extrakette (bei sehr langen Touren)

Navi (Karten, Fahrrad-Navi, Navi-App auf Smartphone) plus Halterung oder Lenkertasche

Fahrradschloss

Licht

Halterung für Trinkflasche

Zelt

Isomatte

Kocher

Ersatzschlauch

Luftpumpe

Reifenheber

Fahrradflasche

Smartphone

Fahrradkleidung

Fahrradbrille

Fahrradhelm

Regenjacke

Mütze

Pflaster

Verbandszeug

Sonnenschutzmittel

Insektenschutzmittel

ggf. benötigte Medikamente

Funktionskleidung, sie trocknet schnell und hält den (Fahrt-)Wind ab

Wechselwäsche (nicht zu viel, lieber öfter waschen), Schlaf- und Badebekleidung

Bequeme Sportschuhe, evtl. Badeschuhe

Regenkleidung mit Fahrradüberschuhen (Gamaschen) und Regenhose

Medikamente, Notfallset

Taschenlampe oder Stirnlampe

Geld, Ausweis, Versicherungskarte, evtl. Bahnticket, Hotel-Voucher

Wasser für den Fahrer!
Öl und Luft für das Bike!

 # Checkliste

ERLEDIGT

Luftdruck - Befindet sich ausreichend Luft auf den Reifen?
Tourenräder benötigen etwa vier bis fünf Bar Luftdruck im Schlauch.

Achslager - Ist das Achslager spielfrei? Das können Sie überprüfen,
indem Sie beide Räder mehrmals mit der Hand hin und her bewegt.

Reifenprofil - Der Reifen sollte weder abgefahren sein, noch Risse haben.
Achteen Sie darauf, dass die Felge gerade im Reifen sitzt.

Hinterrad - Es sollte auf beiden Seiten den gleichen
Abstand zur Kettenstrebe haben - mittig sitzen.

Bremse - Wichtig ist die Funktionstüchtigkeit der Bremsseile und Seilhüllen.
Außerdem sollten die Rillen der Bremsgummis erkennbar und
die Bremsbelege nicht abgenutzt sein.

Lager - Sitzen Tret- und Lenklager fest? Um das zu überprüfen, können Sie
die Bremse anziehen und das Rad ein paar Mal vor- und zurückbewegen.

Kette - Die Kette darf nicht angerostet und alle Kettenglieder sollen frei
beweglich sein. Hängt die Kette durch, sollte sie gespannt und geschmiert werden.

Licht - Überprüfen Sie, ob der Dynamo funktioniert, beziehungsweise
das Licht am Fahrrad leuchtet.

Akku - Akku vor der Fahrt laden! Ladegerät nicht vergessen!

Schrauben und Muttern - Überprüfen Sie, ob alles festgezogen ist.

Wasser für den Fahrer!
Öl und Luft für das Bike!

 # Tour-Ablauf

Ort der Tour: _____

Datum Beginn der Tour: _____

Datum Ende der Tour: _____

Startzeit: _____

Pausen: _____

Endzeit: _____

Rückfahrt mit dem

Zug ●   PKW ●   Fahrrad ●

Übernachtung

im Hotel ●   in der Pansion ●   auf dem Campingplatz ●   im Zelt ●

Adressen: _____

_____

_____

_____

_____

Telefon-Nummern: _____

_____

Internet-Adressen: _____

_____

Eigene Angaben (Personenzahl, E-Bike, Fahrrad-Typ, Anreise, usw.): _____

_____

_____

_____

Wasser für den Fahrer!
Öl und Luft für das Bike!

 # Wegbeschreibung

Wasser für den Fahrer!
Öl und Luft für das Bike!

 # Tour-Karte

(S) START   (P) PAUSEN   (G) GASTRO-NOMIE   (Ü) ÜBER-NACHTUNG

(Z) ZIEL

(F) FAHRRAD-LADEN

(T) TANK-STELLE

Luftdruck: _____
Temperatur: _____
Wetter:

Erlebnisse
und Erfahrungen/Verbesserungen
für die nächste Tour

Wasser für den Fahrer!
Öl und Luft für das Bike!

Erlebnisse
und Erfahrungen/Verbesserungen
für die nächste Tour

Wasser für den Fahrer!
Öl und Luft für das Bike!

VORMALS:
6 + 3 knisternde
Kurzgeschichten
Genre KRIMI

KRIMINALPOLIZEI

SÜLTZ BÜCHER
KRIMINALGESCHICHTEN

krimi

NEU
3. Auflage

Jetzt 25
Kriminalfälle
zum gleiche Preis!

Sültz Bücher

Sueltz Books INTERNATIONAL